Jesus erzählt

Jesus erzählt

Eine Erzählung
aus dem Neuen Testament

Gérard Bessière

Illustrationen von
Christine Adam, Andrée Bienfait, Anne Bodin,
Dorothée Duntze, Georges Lemoine,
Jean-Marie Poissenot, Dominique Thibault

Kaufmann · Klett

Die Deutsche Bibliothek – CIP-Einheitsaufnahme

Jesus erzählt: eine Erzählung aus dem Neuen Testament /
Gérard Bessière. Ill. von Christine Adam… – Lahr: Kaufmann; Stuttgart: Klett, 1995
(Geschichten vom Himmel und der Erde)
Einheitssacht.: Alors Jésus s'assit et dit <dt.>
ISBN 3-7806-2312-9 (Kaufmann) Gb.
ISBN 3-12-690955-8 (Klett) Gb.
NE: Bessière, Gérard; Adam, Christine; EST

1. Auflage 1995
Titel der Originalausgabe
„Alors Jesus s'assit et dit",
erschienen bei Gallimard Jeunesse, Paris
© Editions Gallimard, 1993
© der deutschen Ausgabe: Verlag Ernst Kaufmann, Lahr, 1995
Lektorat: Renate Schupp
Übersetzung: Daniela Nußbaum-Jacob
Religionswissenschaftliche Beratung: Dr. Ilas Körner-Wellershaus
Printed in Italy by Editoriale Libraria
ISBN 3-7806-2312-9 (Kaufmann)
ISBN 3-12-690955-8 (Klett)

Der Name *Jesus* stammt von dem hebräischen Wort Jeschua und bedeutet „Gott hilft". Nach seinem Tod erhielt Jesus von seinen Anhängern den Ehrentitel „Christus" (der Gesalbte).

Vor fast 2000 Jahren lebte in Palästina, dem Land der Juden, ein Mann namens Jesus. Er war ein Zimmermann und wohnte in Nazaret, einem kleinen Ort in der Landschaft Galiläa oberhalb des Sees Gennesaret.

In jener Zeit war Palästina von den Römern besetzt. Sie hatten das Land erobert und beherrschten es seit fast hundert Jahren. Die Juden waren nur ein kleines Volk. Sie konnten sich nicht wehren gegen die Macht der Römer. Doch sie gaben die Hoffnung nicht auf, daß Gott sie eines Tages befreien und die Römer aus dem Land vertreiben würde.

Palästina liegt im östlichen Teil des Mittelmeers und entspricht etwa dem heutigen Staat Israel.

Im Lauf der Jahrhunderte war Palästina besetzt von den Babyloniern, Persern, Griechen, Ägyptern und Syrern. Die *Römer* eroberten das Land zwischen 67 und 63 vor unserer Zeitrechnung. (Siehe auch Seite 34)

„Es wird nicht mehr lange dauern", versicherten sie sich gegenseitig. „Gott wird uns den Messias schicken, den Retter aus aller Not. Der wird die Römer aus unserem Land jagen. Wie ein mächtiger Kriegsherr wird er sein, furchtlos und stark."

„Oder wie ein König", sagten andere. „Er wird kommen als König und ein neues Reich auf Erden gründen, das Königreich Gottes. Darin wird er mit den Frommen und Gerechten leben. Die aber, die ein schlechtes Leben geführt und die Gebote Gottes nicht gehalten haben, müssen draußen bleiben."

Alle Juden träumten von dem neuen Reich Gottes und erwarteten es sehnlichst. Auch Jesus. Wenn er in seiner Werkstatt stand und arbeitete, versank er oft in tiefe Gedanken. Er dachte über Gott nach und über alles, was er über ihn in den heiligen Schriften gelesen hatte. Je länger er darüber nachdachte, desto mehr drängte es ihn, hinauszugehen in die Dörfer und Städte ringsumher im Land und den Menschen von Gott und dem Gottesreich zu erzählen.

Und eines Tages legte er sein Handwerkszeug beiseite, kehrte die Werkstatt aus, verschloß die Tür und ging weg.

Die Erwartung eines *Messias* reicht bis ins sechste Jahrhundert vor Christus. Die Propheten Ezechiel und Sacharja beschreiben den Messias als Priester, aber auch als Friedensfürst. Erst viel später entsteht die Vorstellung eines vom Himmel kommenden endzeitlichen Weltenherrschers. (Siehe auch Seite 36)

Jesus zog durch Galiläa, bis er zum See Gennesaret kam. Dort hielt er in einer kleinen Stadt an und redete zu den Menschen.

„Ihr wartet auf das Reich Gottes?" sagte er zu ihnen. „Dann haltet euch bereit, denn es ist ganz nahe."

„Es ist ganz nahe?" fragten die Menschen aufgeregt. „Woher weißt du das? Hast du ein Zeichen gesehen?"

Es waren aber einige Schriftgelehrte in der Nähe, kluge Männer, die sich in den heiligen Schriften auskannten. Die sagten untereinander: „Ist das nicht ein Zimmermann aus Nazaret? Was fällt ihm ein, hier das große

Die *Schriftgelehrten* sind „Sachverständige" für die Thora (die 5 Bücher Mose), in der die Gesetze und Weisungen Gottes niedergeschrieben sind. Sie gehören dem Hohen Rat an, der höchsten jüdischen Behörde zur Zeit Jesu.

Die Geschichten, die Jesus erzählt, nennt man *Gleichnisse*. Ein Gleichnis ist eine kurze Erzählung, die einen bestimmten Gedanken veranschaulichen soll. Das Reden in Gleichnissen ist typisch für die Verkündigung Jesu vom Gottesreich.

Wort zu führen und über Dinge zu reden, von denen er nichts versteht!"

Einige aber wollten von Jesus mehr über das Reich Gottes hören. Sie fragten: „Sag uns, woran man das Reich Gottes erkennt! Wie merkt man, daß es da ist?"

Da erzählte Jesus ihnen eine Geschichte:

„Es war einmal ein Taglöhner. Der arbeitete mit seinem Esel ringsum bei den Bauern, um sich sein Leben zu verdienen. Eines Tages war er draußen auf einem Acker und pflügte. Da stieß der Pflug an etwas Hartes, und als der Taglöhner nachsah, fand er in der Erde eine Kiste

Jesus greift in seinen Gleichnissen Bilder und Ereignisse aus dem täglichen Leben und der vertrauten Umwelt seiner Zuhörer auf. Doch immer gibt er seinen Geschichten eine ungewöhnliche, überraschende Wendung. Dadurch will er die Menschen zum Weiter- und Umdenken auffordern.

voller Gold- und Silbermünzen. Noch am selben Tag verkaufte er alles, was er besaß, und kaufte den Acker. Und er freute sich. Noch nie in seinem Leben hatte er sich so gefreut... Genau solche Freude verspürt ihr, wenn das Reich Gottes da ist. Daran werdet ihr's erkennen!" Die Menschen dachten, daß es wunderbar sein müßte, eine solche Freude zu erfahren. Jesus aber erzählte ihnen noch eine zweite Geschichte:

„Es war einmal ein Kaufmann, der besaß viele wertvolle Perlen. Aber eines Tages entdeckte er eine Perle, die schöner war als alle anderen. Er war so überwältigt von der Schönheit der Perle, daß er nachts keinen Schlaf fand. Schließlich verkaufte er alle seine Perlen, nur um diese eine zu besitzen... Dieser Kaufmann war von einer einzigen Perle so überwältigt, daß er an nichts anderes mehr denken konnte. Genauso wird es sein, wenn das Reich Gottes da ist. An nichts anderes werdet ihr dann mehr denken."

Viele von den Menschen, die die beiden Geschichten gehört hatten, schüttelten den Kopf. Und die Schriftgelehrten sagten: „Was redet dieser Zimmermann! Perle! Schatz im Acker! Das Reich Gottes wird mit Pauken und Trompeten kommen, daß den Römern und allen Gottlosen und Sündern Hören und Sehen vergeht!" Und sie ärgerten sich über Jesus.

Die Gleichnisse vom Schatz im Acker und der kostbaren Perle stehen im Evangelium des Matthäus, Kap.13, Vers 44 bis 46.

Neben den Gleichnissen gehört die *Bergpredigt* zu den Kernstücken der Verkündigung Jesu. Sie stellt gewissermaßen das „Programm" zur Verwirklichung des Gottesreiches dar. Auch hier benutzt Jesus bildhafte Vergleiche. So heißt es am Schluß: „Wer meine Worte hört und sich nicht nach ihnen richtet, wird am Ende dastehen wie ein Dummkopf, der sein Haus auf Sand baut. Wenn dann ein Wolkenbruch niedergeht und die Flüsse über das Ufer treten..., stürzt das Haus ein." (Matthäus, Kap.7, Vers 26)

Andere aber wollten noch mehr hören. Jesus erzählte ihnen, daß Gott alle Menschen liebhat. Auch die Armen, die mit leeren Händen kommen, die Schwachen, denen nichts gelingt, und die Sünder, mit denen keiner etwas zu tun haben will. „Gerade sie werden Platz finden im Reich Gottes", sagte Jesus. „Gott wird all ihrer Not ein Ende machen."
Diese gute Botschaft weckte Hoffnung bei den Unterdrückten und neuen Mut bei den Enttäuschten. Als Jesus die Stadt verließ, folgten ihm einige Männer und Frauen und zogen mit ihm. Sie wanderten durch Dörfer und Städte. Und unterwegs kehrten sie in vielen Häusern ein.

Sünde bedeutet im ursprünglichen Sinn „Absonderung", „Trennung". Ein *Sünder* ist ein Mensch, der von Gott „abgetrennt" ist, weil er die Gebote nicht hält oder Schuld auf sich geladen hat.

Eine gute *Botschaft* heißt auf griechisch Evangelium. Danach nennt man die Schriften, in denen die gute Botschaft vom Reich Gottes überliefert ist, die *Evangelien*. Die Verfasser der Evangelien sind die *Evangelisten*.

Der See *Gennesaret* ist 21 Kilometer lang und 12 Kilometer breit. Er liegt 218 Meter tiefer als der Meeresspiegel.

Einmal kam Jesus mit seinen Freunden in ein kleines Dorf am See Gennesaret. Da strömten von überall her die Menschen zusammen und wollten ihn sehen. Viele brachten ihre Kranken zu ihm. Denn es hatte sich herumgesprochen, daß Jesus Kranke heilen konnte: Blinde und Taube, Lahme und Aussätzige waren gesund geworden, weil Jesus sie berührt hatte.

„Er ist kein gewöhnlicher Mensch", erzählten seine Freunde. „Gott hat ihm besondere Gaben gegeben. Er weiß alles über das Reich Gottes. Es wird bald kommen, hat er gesagt."

In den Evangelien wird ganz selbstverständlich davon berichtet, daß Jesus Kranke heilte. Diese Heilungen sind als Zeichen dafür zu verstehen, daß mit Jesus das Reich Gottes angefangen hat: Gott hat ihm die Vollmacht gegeben zu heilen und Wunder zu tun. Aber nur Menschen, die im Glauben zu Jesus kommen, erleben das Wunder der Heilung.

Das Gleichnis vom unverzagten Sämann steht im Evangelium des Markus, Kap. 4, Vers 3 bis 9.

„Ach, bald!" seufzten manche. „Es soll *jetzt* kommen! Wir warten schon so lange."
Es drängten sich so viele Menschen am Ufer des Sees, daß Jesus in ein Boot stieg und vom Wasser aus zu der Menge sprach. „Seid nicht ungeduldig", rief er. „Habt doch Vertrauen! Das Reich Gottes wird ganz gewiß kommen, auch wenn ihr jetzt noch nichts davon seht!" Und er erzählte ihnen die Geschichte vom unverzagten Sämann:
„Ein Sämann ging hinaus aufs Feld, um zu säen. Aber ein Teil der Samenkörner, die er ausstreute, fiel auf den Wegrand, wo der Boden hart und undurchlässig war. Da kamen die Vögel und pickten die Körner auf. Andere Körner fielen zwischen die Steine. Sie keimten zwar und wuchsen schnell heran.

Jesus vergleicht das Reich Gottes mit einem Senfkorn, aus dem eine Staude bis zu 3 m Höhe wächst.

„Aber sie hatten nicht genug Erde, und als die Sonne herunterbrannte, verwelkten sie bald. Wieder andere fielen zwischen die Dornenbüsche am Rand des Feldes. Aber die Dornen überwucherten alles und ließen den Körnern weder Licht noch Luft, so daß sie verdorrten. Aber einige fielen auf gute Erde. Die gingen auf und wuchsen und brachten eine reiche Ernte: Aus jedem Samenkorn wuchs eine Ähre, die 30, 60, ja 100mal so viele Körner trug... Genauso verhält es sich mit dem Reich Gottes. Es wächst trotz aller Schwierigkeiten. Wenn es aber da ist, wird Reichtum und unermeßliche Fülle sein – wie bei dieser Ernte."

„Das Reich Gottes wächst? Wie eine Pflanze? Es kommt nicht plötzlich und mit Macht wie Blitz und Donner?" fragten einige verwundert.

Andere sagten: „Wenn es wächst, dann muß doch etwas davon schon da sein. Ein Würzelchen. Ein winziges Pflänzchen. Aus Nichts kann schließlich nichts wachsen." Und der Atem stockte ihnen, wenn sie sich das vorstellten.

Jesus sagte: „Habt Vertrauen! Jetzt ist das Reich Gottes noch klein wie ein Senfkorn, so daß ihr es nicht sehen könnt. Aber es wird wachsen und groß werden und Platz haben für alle."

Mit dem Reich Gottes ist es wie mit Sauerteig: ein kleines Stück genügt, um den ganzen Teig zu durchdringen.

613 Vorschriften und Gesetze mußte ein *Pharisäer* einhalten. Besonders wichtig waren die Reinheitsgebote. Dazu gehörte, daß ein Pharisäer keinen Umgang mit unreinen Menschen haben durfte. Als „unrein" galten Menschen mit bestimmten Krankheiten, Sünder, Nichtjuden. Gegen solche Ausgrenzungen wandte sich Jesus. Dadurch machte er sich die Pharisäer zu Feinden.

Zu denen, die Jesus voller Mißtrauen beobachteten, gehörten auch die Pharisäer – fromme Männer, die sich große Mühe gaben, die Gesetze zu halten. Sie kannten sich aus in den heiligen Schriften und besuchten so oft wie möglich die Synagoge. Einige von ihnen standen in der Menge, die Jesus zuhörte.
„Man sollte es ihm verbieten zu predigen!" sagten sie. „Er hält die Gesetze nicht und gibt sich mit unreinen und schlechten Menschen ab. Es heißt, daß er sogar zu ihnen nach Hause geht und bei ihnen ißt!"
„Sch! Still!" zischten die Leute. „Er spricht wieder!"

Das Wort *Synagoge* kommt aus dem Griechischen und bedeutet „Versammlung". Hier versammelten sich die frommen Juden zum Gebet und zum Studium der heiligen Schriften.

Die Geschichte *vom guten Vater* ist unter verschiedenen Namen bekannt. Sie heißt auch „Das Gleichnis vom verlorenen Sohn". Da in dieser Überschrift der zweite Sohn nicht erwähnt ist, sagen manche auch „Das Gleichnis von den zwei Söhnen". Es ist uns überliefert bei Lukas, Kap. 11, Vers 15 bis 32.

Jesus blickte über die Menge und verkündete: „In das Reich Gottes sind alle eingeladen. Gott weist keinen ab, der zu ihm kommt. Er liebt alle Menschen! Wer bereut, was er Schlechtes getan hat, dem wird Gott verzeihen und ihn bei sich aufnehmen." Die Verachteten und Verlorenen wurden froh über solche Worte. Aber die Pharisäer schüttelten nur den Kopf.

„Was erzählt dieser Mensch!" dachten sie. „Unser Leben lang bemühen wir uns, die Gebote Gottes zu halten und ein frommes und gottgefälliges Leben zu führen. Was nützt unsere Mühe, wenn Gott am Ende die Verachteten und Verlorenen genauso aufnimmt wie uns?"

Da erzählte Jesus die Geschichte vom guten Vater:

„Ein Bauer hatte zwei Söhne. Eines Tages sagte der jüngere Sohn: ‚Vater, gib mir mein Erbe! Ich will in die Welt ziehen und mein Glück machen.' Da gab der Vater ihm seinen Teil, und der Sohn zog davon. Doch er war leichtsinnig und vergeudete sein Geld. Bald stand er mit leeren Händen da. Da ging er zu einem reichen Bauer und bettelte um Arbeit. Der ließ ihn die Schweine hüten. Der Sohn litt solchen Hunger, daß er den Schweinen das Futter weggegessen hätte, wenn er sich nicht davor geekelt hätte. Da erfaßte ihn große Reue. Er dachte: Die Arbeiter bei meinem Vater

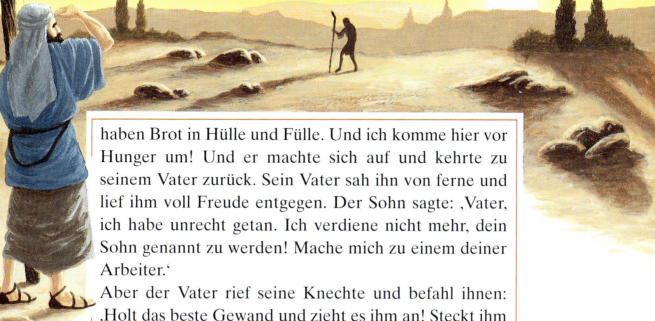

haben Brot in Hülle und Fülle. Und ich komme hier vor Hunger um! Und er machte sich auf und kehrte zu seinem Vater zurück. Sein Vater sah ihn von ferne und lief ihm voll Freude entgegen. Der Sohn sagte: ‚Vater, ich habe unrecht getan. Ich verdiene nicht mehr, dein Sohn genannt zu werden! Mache mich zu einem deiner Arbeiter.'

Aber der Vater rief seine Knechte und befahl ihnen: ‚Holt das beste Gewand und zieht es ihm an! Steckt ihm einen Ring an den Finger, gebt ihm Schuhe! Schlachtet unser bestes Kalb! Wir wollen ein Fest feiern, denn mein Sohn ist zurückgekommen. Er war tot für mich, nun ist er wieder lebendig. Er war verloren, aber nun habe ich ihn wiedergefunden.'

Als der ältere Sohn vom Feld zurückkam, hörte er schon von weitem Musik. Er fragte einen der Knechte: ‚Was ist da los?' Der Knecht antwortete: ‚Dein Bruder ist zurückgekommen. Deshalb hat dein Vater das beste Kalb geschlachtet – vor Freude, daß er wieder da ist.'

Darüber wurde der ältere Sohn zornig. Er weigerte sich, das Haus zu betreten. Da ging der Vater hinaus und bat ihn hereinzukommen. Er aber schrie: ‚So viele Jahre arbeite ich für dich und tue alles, was du willst. Hast du mir dafür jemals auch nur eine Ziege gegeben, damit ich mit meinen Freunden ein Fest feiern konnte? Aber wenn dieser Taugenichts ankommt, der dein Geld ver-

Schweine gelten bei den Juden als unreine Tiere. Daß der jüngere Sohn Schweine hüten muß, zeigt, wie tief er gesunken ist.

„Die Rückkehr des verlorenen Sohnes" ist ein berühmtes Bild des Malers Rembrandt (1606-1669).

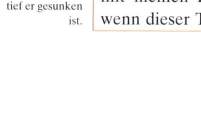

jubelt hat, läßt du unser bestes Kalb schlachten!' Da antwortete der Vater: ‚Mein Sohn, du bist doch immer bei mir. Alles, was mir gehört, das gehört auch dir. Warum kannst du dich nicht mitfreuen? Dein Bruder war tot für uns und ist wieder lebendig geworden. Er war verloren, aber nun haben wir ihn wiedergefunden!'"
Und Jesus fügte hinzu: „Genauso handelt Gott. Er freut sich über jeden, der zu ihm zurückfindet. Er will nicht, daß auch nur ein einziger verlorengeht."

Ein Vater konnte dem ältesten Sohn schon zu Lebzeiten seinen Besitz schenken. Der Sohn durfte jedoch nicht davon verkaufen, solange der Vater lebte, denn der Vater blieb bis zu seinem Tod uneingeschränkter Nutznießer des Besitztums. Einen solchen Fall beschreibt Jesus in seinem Gleichnis.

Das Wort *Sabbat* bedeutet Ruhetag. Er dauert von Freitagabend bis Samstagabend. Der Sabbat ist allein Gott geweiht.
Die Sabbatgebote sind streng: keine Geschäfte, keine Arbeit – außer im äußersten Notfall. Der Sabbat wird auch heute noch im Judentum streng eingehalten.

Einmal kamen Jesus und seine Anhänger in eine größere Stadt, und Jesus predigte am Sabbat in der Synagoge. Er sprach von Gottes großem Erbarmen mit den Menschen. Vor allem mit denen, die Schuld auf sich geladen haben.
„Wer ehrlich seine Schuld bereut, dem vergibt Gott", sagte er. „Im Reich Gottes ist für alle Platz, auch für die Hoffnungslosen und Bedrängten."
Einer der Pharisäer des Ortes, ein ehrenwerter Mann mit Namen Simon, lud Jesus danach zum

Bei besonders festlichen Mahlzeiten saßen die Gäste nicht bei Tisch, sondern sie lagen halb ausgestreckt Polstern und Kiss

Wenn man jemanden einlud, gehörte es zur Gastfreundschaft, ihm die Füße zu waschen, die vom Staub der Straße verschmutzt waren.

Sabbatmahl in sein Haus ein, denn er wollte herausfinden, ob Jesus ein Prophet Gottes war.

Es wohnte aber im Ort eine Frau, die einen schlechten Ruf hatte und von allen gemieden wurde. Die hatte gehört, was Jesus über die Hoffnungslosen und Bedrängten gepredigt hatte.

Als sie erfuhr, daß Jesus zu Gast bei Simon war, drang sie in das Haus ein, lief auf Jesus zu, kniete vor ihm nieder und begann bitterlich zu weinen. Ihre Tränen fielen auf seine Füße. Sie trocknete sie mit ihren Haaren, küßte und salbte sie mit einem wohlriechenden Öl.

Alle Gespräche verstummten. Simon aber dachte: „Wenn Jesus ein Prophet Gottes wäre, dann wüßte er, daß diese Frau schlecht ist und viel Schuld auf sich geladen hat."

Da sah Jesus ihn an und sagte: „Simon, ich möchte dir etwas erzählen."

„Sprich!" antwortete Simon. Da erzählte Jesus: „Zwei Männer hatten sich bei einem Geldverleiher Geld geliehen – der eine fünfhundert Silberstücke, der andere fünfzig. Beide konnten ihre Schulden nicht zurückzahlen. Da erließ ihnen der Geldverleiher ihre Schulden.

Ein *Prophet* ist der Verkünder einer Botschaft von Gott. Im Judentum haben Propheten und Prophetinnen immer eine große Rolle gespielt. Sie sagten zukünftige Ereignisse – zumeist Strafen – an, um die Menschen zu Einsicht zu bringen. Bei ihren Prophezeiungen beriefen sie sich darauf, von Gott selbst beauftragt zu sein.

Sage mir nun, Simon, welcher von beiden wird größere Dankbarkeit empfunden haben?"

„Derjenige, der die größeren Schulden hatte, Rabbi", antwortete Simon. „Denn er hat am meisten geschenkt bekommen." Jesus nickte: „Richtig."

Dann zeigte er auf die Frau und sagte: „Siehe, *du* hast meine Füße nicht gewaschen. *Du* hast sie nicht geküßt und mit Öl gesalbt. Ich sage dir, Simon: Diese Frau zeigt mir darum so große Dankbarkeit, weil sie weiß, daß ihr eine große Schuld vergeben wird. Wem nur eine kleine Schuld vergeben wird, der zeigt auch nur eine kleine Dankbarkeit."

Darauf wandte Jesus sich zu der Frau und sagte: „Dir sind deine Sünden vergeben!"

Alle, die das hörten, fragten sich verwundert: Wie kann dieser Jesus es wagen, Sünden zu vergeben? Sünden kann doch nur Gott allein vergeben!

Die Frau stand auf, und Jesus sagte zu ihr: „Ich sehe, daß du meinen Worten glaubst. Dieser Glaube hat dir geholfen. Gehe hin in Frieden!"

Simon schwieg. Aber er dachte: Dieser Jesus ist gefährlich. Er spielt sich auf, als wäre er Gott selber! Und er merkte sich alles, was geschehen war.

Mit *Rabbi* wurden die Schriftgelehrten angesprochen. Es bedeutet soviel wie „mein Lehrer", „Meister". Obwohl Jesus kein ausgebildeter Schriftgelehrter war, hat man ihn – nach der Überlieferung der Evangelisten – auch mit Rabbi angesprochen.

Das Gleichnis von den beiden Schuldnern steht im Evangelium des Lukas, Kap. 7 Vers 36 bis 50.

Schreibgeräte aus der Zeit Jesu: Papyrusrolle, Wachstäfelchen, Stifte aus zugespitztem Schilfrohr oder Metall.

Kurz vor dem Passafest erreichten Jesus und die Männer und Frauen, die ihn begleiteten, Jerusalem, die Hauptstadt Palästinas. Aus allen Ländern der Erde trafen sich dort die Juden, um das Fest miteinander zu feiern. Auch die Priester, Pharisäer und Schriftgelehrten aus dem ganzen Land kamen zusammen.

Heimlich beobachteten sie Jesus. Sie sahen, daß seine Reden beim Volk ankamen. Die Notleidenden und Bedrängten, die Verachteten und Verstoßenen hingen an seinen Lippen, wenn er ihnen von Gott erzählte. Das

Das *Passafest* ist das Hauptfest des Judentums. Es wird gefeiert zur Erinnerung an den Auszug des Volkes Israel aus Ägypten (2. Mose Kap. 12).

Reich Gottes, wie Jesus es beschrieb, würde nicht allein den Priestern, Pharisäern und Schriftgelehrten gehören, den Klugen und Reichen und Gesunden, sondern auch solchen, die in der alten Welt verloren waren und ohne Hoffnung lebten.

„Dieser Jesus redet, als ob Gott selbst ihn beauftragt hätte", empörten sich die Schriftgelehrten. „Bald wird er behaupten, er sei der Messias!"

Einmal wollte ein Schriftgelehrter Jesus auf die Probe stellen und fragte ihn: „Sage mir, Meister: Was muß ich tun, damit ich in das Reich Gottes komme?"

„Du kennst doch die heiligen Schriften", antwortete Jesus. „Was steht denn da?"

„Da steht: Du sollst Gott lieben, von ganzem Herzen und mit all deiner Kraft, und deinen Nächsten wie dich selbst!"

„Richtig", sagte Jesus. „Tu das, und du wirst einen Platz im Reich Gottes haben."

Doch der Schriftgelehrte gab sich nicht zufrieden. „Woher weiß ich denn aber, wer mein Nächster ist?" fragte er.

Da erzählte Jesus die Geschichte vom barmherzigen Samaritaner:

Die *Tempeldiener* (Leviten) leisteten den Priestern Hilfsdienste.

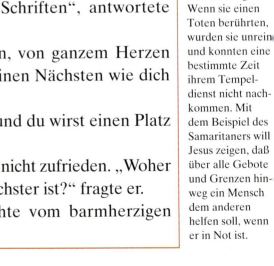

Die Reinheitsgebote für Priester und Tempeldiener waren streng. Wenn sie einen Toten berührten, wurden sie unrein und konnten eine bestimmte Zeit ihrem Tempeldienst nicht nachkommen. Mit dem Beispiel des Samaritaners will Jesus zeigen, daß über alle Gebote und Grenzen hinweg ein Mensch dem anderen helfen soll, wenn er in Not ist.

„Ein Mann ging von Jerusalem hinab in die Stadt Jericho. Unterwegs überfielen ihn Räuber. Sie schlugen ihn nieder, raubten ihn aus und ließen ihn halbtot liegen. Nach einiger Zeit kam ein Priester vorüber. Der sah den Verletzten, machte einen großen Bogen um ihn und ging weiter. Wieder einige Zeit später kam ein Tempeldiener. Auch er sah den Verletzten, wich auf die andere Straßenseite aus und entfernte sich rasch.
Zuletzt näherte sich ein Fremder, ein Samaritaner. Er hielt an und stieg von seinem Esel. Als er den Verletzten sah, holte er Öl aus seinem Reisegepäck, goß es auf seine Wunden und verband ihn. Dann hob er ihn auf seinen Esel und brachte ihn in die nächste Herberge. Dort kümmerte er sich den ganzen Tag und die Nacht um ihn. Am nächsten Morgen gab er dem Wirt zwei Silberstücke und sagte: ‚Kümmere du dich nun um ihn. Falls du mehr Geld brauchst, werde ich es dir geben, wenn ich wieder zurückkomme.'
Und er verabschiedete sich und setzte seinen Weg fort."
Jesus sah den Schriftgelehrten an. „Nun", fragte er.
„Was glaubst du: Welcher von den

Zwischen den Juden und den *Samaritanern* herrschte seit Jahrhunderten Feindschaft. Sie wurden von den strenggläubigen Juden als „unrein" betrachtet und waren nicht zum Tempel zugelassen. Deshalb hatten sie sich ein eigenes Heiligtum gebaut.

25

Dreien war wohl für den Überfallenen der Nächste?" „Natürlich der, der Mitleid mit ihm hatte und sich um ihn kümmerte", erwiderte der Schriftgelehrte widerwillig, denn es gefiel ihm nicht, daß dies in der Geschichte von Jesus ausgerechnet ein Samaritaner war.
Jesus nickte und sagte: „Dann geh und handle wie er!"

Die Geschichte vom barmherzigen Samaritaner steht im Evangelium des Lukas, Kap. 10, Vers 29 bis 37.

Plan des Tempels:
1. Vorhof der Völker (Heiden, Nicht-Juden)
2. Vorhof der Frauen
3. Hof Israels (Männer)
4. Vorhof der Priester
5. Heiligtum (siehe S. 34)

Mitten in Jerusalem stand auf einer Anhöhe der Tempel. Hierher kamen alle frommen Juden, um zu beten und Gott nahe zu sein. Auch Jesus und viele Männer und Frauen, die ihn begleiteten, gingen zur Gebetsstunde hinauf zum Tempel.

Auf dem großen Vorplatz stand eine Gruppe von Pharisäern. Und einer sagte laut: „Seht nur, wen dieser Jesus wieder bei sich hat: Zöllner und Sünder und schlechte Frauen, die sich mit Männern herumtreiben! Lauter Gesindel, mit dem kein anständiger Mensch etwas zu tun haben will."

Der Tempel wurde unter König Salomo (965–926 v. Chr.) erbaut. Im Jahr 586 v. Chr. zerstörten ihn die Babylonier. Etwa 70 Jahre später wurde er wieder aufgebaut und unter Herodes dem Großen renoviert. Im Jahr 70 n. Chr. zerstörten die Römer ihn endgültig.

Der Eingang zum Allerheiligsten, wie er etwa 250 n. Chr. dargestellt wurde auf einer Freske der Synagoge von Dura Europos, einer Ruinenstätte im Südosten des heutigen Syrien.

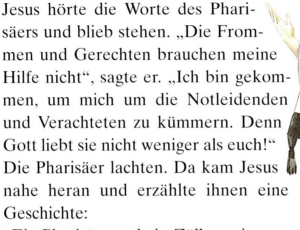

Jesus hörte die Worte des Pharisäers und blieb stehen. „Die Frommen und Gerechten brauchen meine Hilfe nicht", sagte er. „Ich bin gekommen, um mich um die Notleidenden und Verachteten zu kümmern. Denn Gott liebt sie nicht weniger als euch!" Die Pharisäer lachten. Da kam Jesus nahe heran und erzählte ihnen eine Geschichte:

„Ein Pharisäer und ein Zöllner gingen hinauf in den Tempel, um zu beten. Der Pharisäer stellte sich so hin, daß alle ihn sehen konnten, breitete die Arme aus und sprach mit erhobenem Blick: ‚Ich danke dir Gott, daß ich nicht bin wie die meisten anderen Leute – Taugenichtse, Tagediebe und Ungerechte, die deine Gebote nicht halten. Oder wie dieser Zöllner dort drüben, der die Menschen betrügt! Ich faste zweimal in der Woche, obwohl nur ein Fastentag im Jahr vorgeschrieben ist. Und ich gebe den zehnten Teil ab von allem, was ich verdiene.' Der Zöllner stand weit weg, abseits von den anderen, und wagte nicht, seine Augen zum Himmel zu erheben. Sein Herz war erfüllt von Reue. Er murmelte viele Male voller Verzweiflung: ‚Mein Gott, hab' Erbarmen mit mir, denn ich habe viele Sünden begangen!'

Die *Zöllner* trieben die Steuer für die verhaßte römische Besatzungsmacht ein. Dabei bereicherten sie sich oft durch unrechtmäßig hohe Beträge. Durch ihren Umgang mit den „heidnischen" Römern galten sie außerdem als „unrein". Jesus setzte sich mit Zöllnern an einen Tisch und erregte deshalb großen Anstoß.

Geldstück aus den Jahren 42/43 nach Christus.

Der Pharisäer und der Zöllner. Ein byzantinisches Bild aus dem 12. Jahrhundert.

Danach gingen beide nach Hause. Ich sage euch aber: Dieser Zöllner, der seine Schuld erkennt und ehrlich bereut, hat Gott besser gefallen als der Pharisäer in seiner eitlen Selbstgerechtigkeit."

Jesus schwieg. Das Volk sah gespannt zu den Pharisäern. Die wandten sich wortlos ab. Später aber, als sie unter sich waren, sprachen sie: „Wie kann dieser hergelaufene Zimmermann es wagen, einen Pharisäer mit einem Zöllner zu vergleichen? Er hetzt das Volk gegen uns auf." Und Zorn verfinsterte ihre Herzen.

Das Gleichnis vom Pharisäer und dem Zöllner steht im Evangelium des Lukas, Kap. 18, Vers 9 bis 14.

Die *Anhänger Jesu* werden auch Jünger und Jüngerinnen genannt. Aus ihnen hat Jesus entsprechend der Zahl der 12 Stämme Israels 12 Männer ausgewählt – die 12 Apostel (Gesandte). Sie hießen: Petrus, Andreas, Jakobus der Ältere, Johannes, Philippus, Bartholomäus, Matthäus, Thomas, Jakobus der Jüngere, Thaddäus, Simon und Judas.

Die Priester, Schriftgelehrten und Pharisäer taten sich zusammen und beschlossen, Jesus gefangenzunehmen und zu töten. Als die Anhänger Jesu davon erfuhren, warnten sie ihn und flehten ihn an, zu fliehen und sich zu verstecken. Jesus aber sagte:
„Sorgt euch nicht um mich. Mein Auftrag ist erfüllt. Ich habe euch alles erzählt über das Reich Gottes. Also geht hin und handelt so, wie ich es euch gesagt habe. Denn wenn das Reich Gottes da ist, werde ich neben Gott sitzen, und alle Menschen werden sich vor uns versammeln. Und die Auserwählten, die in das Reich Got-

Die Schilderung von der Urteilsverkündigung beim Weltgericht steht im Evangelium des Matthäus, Kap. 25, Vers 31 bis 40.

tes kommen, werden zu meiner Rechten stehen. Und ich werde zu ihnen sagen: ‚Gesegnet seid ihr, denn ich bin hungrig gewesen, und ihr habt mir zu essen gegeben. Ich war durstig, und ihr habt mir zu trinken gegeben. Ich war fremd und heimatlos, und ihr habt mich aufgenommen. Ich war nackt, und ihr habt mich bekleidet. Ich war krank, und ihr habt mich gepflegt. Ich war gefangen, und ihr habt mich besucht.' Dann werden die Auserwählten erstaunt sagen: ‚Wann war das alles? Wir haben dich doch nirgends gesehen!' Und ich werde ihnen antworten: ‚Alles, was ihr für einen Menschen in Not getan habt, das ist, als hättet ihr es mir getan.'"
Noch vor dem Passafest wurde Jesus festgenommen, vor Gericht gestellt, zum Tod verurteilt und hingerichtet. Doch Jesus war stärker als der Tod. Er lebt weiter in den Herzen aller Menschen, die Gutes tun und Liebe üben – bis zum heutigen Tag.

Die Evangelisten (siehe S. 37) überliefern, daß Jesus den Jüngern und Jüngerinnen nach seinem Tod mehrmals als Lebendiger erschien. Dies bestärkte ihre Überzeugung, daß Jesus der von Gott gesandte Messias war.

1175 vor Christi Geburt drangen die Philister aus dem Ägäischen Meer und Anatolien in Ägypten ein. Sie wurden vertrieben und ließen sich auf dem Gazastreifen nieder. Die Griechen nannten alle Länder rund um das Mittelmeer „Land der Philister" – auch den Teil, der später Palästina wurde.

„Es folgten ihm viele Menschen aus Galiläa, aus den Zehn Städten, von Jerusalem, aus Judäa und von jenseits des Jordan."
Matthäus, Kap. 4, Vers 25

Palästina zur Zeit Jesu

Palästina, das Land der Juden, war ein schmaler Landstreifen von etwa 200 Kilometern Länge und 50 bis 100 Kilometern Breite. Im Westen stieß es ans Mittelmeer, an seinen drei anderen Seiten war es von Wüste umgeben. – Palästina bestand aus drei Landschaften: Galiläa im Norden, Samaria in der Mitte und Judäa im Süden.

Judäa war das Herz des Landes. Hier lag die Hauptstadt Jerusalem mit dem Tempel. Zur Zeit Jesu zählte Jerusalem rund 30 000 Einwohner.

In *Samaria* wohnte ein Mischvolk, das eine eigene Gemeinde bildete. Die Samaritaner legten die heiligen Schriften an manchen Stellen anders aus als die Juden. Zwischen Juden und Samaritanern bestand deshalb ein gespanntes, zeitweise feindschaftliches Verhältnis. Zur Zeit Jesu hatte sich die gegenseitige Abneigung zu Haß gesteigert, nachdem Samaritaner während eines Passafestes um Mitternacht den Tempelplatz in Jerusalem verunreinigt hatten.

Galiläa war von Juden und Nichtjuden bewohnt und darum von einer gewissen Offenheit für Fremde. Aus Galiläa stammte Jesus. Er wuchs in Nazaret auf, einer kleinen Stadt im Hügelland von Galiläa.

In Palästina lebten damals etwa eine halbe Million Menschen, vorwiegend kleine Bauern, Fischer und Handwerker. Unter großen Teilen der Bevölkerung herrschten Arbeitslosigkeit, Armut und bittere Not. Besonders betroffen waren kranke und gebrechliche Menschen.

Links ein Modell von Jerusalem zur Zeit Jesu.
1. Tempel
2. Herodespalast

Geschirr und Öllampe aus gebranntem Ton, wie sie zur Zeit Jesu gebraucht wurden.

Abbildung ganz links:
Handmühle zum Pressen von Öl und Weintrauben.

Oben Mitte: Relief vom Triumphbogen des römischen Kaisers Titus. Nach einem jüdischen Aufstand gegen die Römer im Jahr 70 n. Chr. zerstörte Titus Jerusalem und den Tempel und ließ den siebenarmigen Leuchter nach Rom bringen.

„Gebt dem Kaiser, was dem Kaiser gehört, und Gott, was Gott gehört."
Markus, Kap. 12, Vers 17

Das politische und religiöse Leben

Die römische Besatzung

Seit dem Jahr 63 vor unserer Zeitrechnung hielten die Römer Palästina besetzt. Sie beriefen den Heerführer Herodes auf den Thron und machten ihn zum König. Er war ein rücksichtsloser, gewalttätiger Herrscher und beim Volk verhaßt.

Herodes regierte vom Jahr 37 vor unserer Zeitrechnung bis zum Jahr 4 danach. Während seiner Herrschaft wurde Jesus geboren.

Nach seinem Tod wurde Palästina unter seinen Söhnen aufgeteilt. Von da an herrschte Herodes Antipas über Galiläa, die Heimat Jesu. Herodes Antipas spielt beim Verhör Jesu, wie es der Evangelist Lukas im 23. Kapitel berichtet, eine Rolle.

Über Samaria, Judäa und Idumäa regierte Herodes Archelaus, der aber wegen seiner Grausamkeit schon bald von dem römischen Kaiser Augustus abgesetzt und verbannt wurde.

Danach kam Judäa direkt unter römische Verwaltung und wurde von römischen Statthaltern regiert. Einer von ihnen war Pontius Pilatus.

In seine Regierungszeit fiel das öffentliche Auftreten Jesu. Als Statthalter führte er den Prozeß gegen Jesus und sprach das Todesurteil aus.

Die Römer mischten sich nicht in die Religion der Juden ein. Die höchste jüdische Staatsbehörde, der Hohe Rat, der die Verhaftung Jesu veranlaßte, blieb auch unter den Römern in seinem Amt und entschied in Fragen, die die Religion betrafen.

Römischer Hauptmann zur Zeit der Besatzung Palästinas.

Unter Herodes entstanden viele große Bauwerke. Eines davon ist das Herodeion, eine Festung auf einem Hügel in der Nähe von Jerusalem.

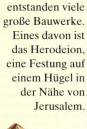

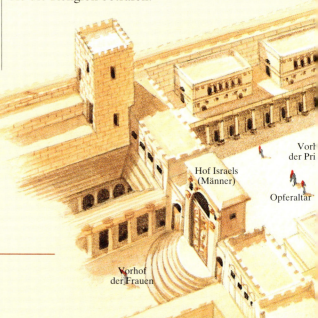

Vorhof der Pri...
Hof Israels (Männer)
Opferaltar
Vorhof der Frauen

Hoherpriester (links) und Tempeldiener, auch Levit genannt. Der Hohepriester trug auf der Brust 12 Edelsteine, die die 12 Stämme Israels symbolisierten.

Für die Juden ist der Tempel in Jerusalem die Wohnstatt Gottes und deshalb das höchste Heiligtum. Der weitläufige Tempelbezirk ist in eng abgegrenzte Bereiche (Vorhöfe) eingeteilt, deren Betreten für Nicht-Juden verboten ist.

Das Heilige   Das Allerheiligste

Die Religion – Mittelpunkt des Lebens

Das Zentrum des religiösen Lebens der Juden war der Tempel in Jerusalem. Hierher kamen die Menschen aus dem ganzen Land, um Tieropfer darzubringen, zu beten und zu feiern. Zu den großen religiösen Festen strömten die Juden aus allen Ländern der damals bekannten Welt zusammen. Man schätzt, daß zur Zeit Jesu etwa 6 bis 7 Millionen Juden außerhalb von Palästina lebten – zehnmal mehr als im Land selbst.

Das religiöse Oberhaupt der Juden war der Hohepriester. Er hatte die Aufsicht über den Tempel, die Priester und Tempeldiener und führte den Vorsitz im Hohen Rat, der aus 70 Mitgliedern bestand.

In den anderen Städten und Dörfern des Landes traten an die Stelle des Tempels die Synagogen. Die wichtigste Zusammenkunft fand am Sabbat statt. Man las aus der Thora vor, dem heiligen Buch, das alle Gesetze und Weisungen Gottes enthält, und aus den Büchern der Propheten. Frauen saßen in einem abgeteilten Raum und durften sich nicht am Gottesdienst beteiligen.

Eine wichtige Rolle spielten die *Schriftgelehrten*. Sie sammelten die Überlieferungen, legten sie aus, überwachten die Einhaltung der biblischen Weisungen und sprachen Recht.

Daneben waren es vor allem die *Pharisäer*, die das religiöse Leben Palästinas bestimmten. Ihr Interesse galt der Auslegung der göttlichen Gesetze und der Verhinderung von Gesetzesübertretungen. Sie hofften, sich durch eine möglichst lückenlose Einhaltung der Gesetze einen Platz in dem von allen ersehnten Reich Gottes zu verdienen. Um ganz sicher zu gehen, taten sie lieber etwas mehr, als das Gesetz vorschrieb. Dieser Übereifer um den Buchstaben des Gesetzes wurde von Jesus als Heuchelei verurteilt.

Andere religiöse Gruppen waren die *Sadduzäer*, die zur Zeit Jesu den Hohen Rat beherrschten und in erster Linie für die Verurteilung und Hinrichtung Jesu verantwortlich waren, die *Essener*, eine streng religiöse Mönchsgemeinschaft am Toten Meer und die *Zeloten,* eine Gruppe von Widerstandskämpfern, die das Volk von den Römern befreien wollten. Jede dieser Gruppen erwartete auf ihre Art das Reich Gottes.

Johannes der Täufer (hier auf einem Bild von L. und J. Salimbeni, 15. Jh.) wirkte etwa zur gleichen Zeit wie Jesus. Er kündigte den Messias an. Jesus ließ sich von ihm im Jordan taufen.

Unten: Geldstück mit der Fassade des Tempels (135 n. Chr.).

Mitte: Darstellung der Geburt Jesu (Katalonien, 12. Jahrh.)

*„Er ist umhergezogen und hat Gutes getan...
denn Gott war mit ihm. Seine Feinde brachten ihn ans Kreuz,
aber Gott erweckte ihn am dritten Tag vom Tod."*
Apostelgeschichte, Kap.10, Vers 38-40

Wer war Jesus?

Sein Leben

Jesus wurde in der Zeit zwischen den Jahren 7 und 4 vor unserer Zeitrechnung geboren. Er wuchs in Nazaret (Galiläa) in einer armen Familie auf. Sein Vater Josef war Zimmermann, und vermutlich hat auch Jesus diesen Beruf erlernt. Seine Mutter hieß Maria.

Als Jesus etwa 30 Jahre alt war, verließ er Nazaret, zog als Wanderprediger durch Galiläa und sammelte Anhänger um sich. Die Zeit seines öffentlichen Auftretens dauerte nicht länger als drei Jahre. Dann wurde er während des Passafests in Jerusalem vom Hohen Rat festgenommen und mit Hilfe des römischen Statthalters Pontius Pilatus wegen Volksverhetzung zum Tode verurteilt und gekreuzigt.

Die Hoffnung auf das Reich Gottes

Die Hoffnung auf das Kommen des Gottesreiches ist ein fester Bestandteil des jüdischen Glaubens. Der Begriff „Reich Gottes" bedeutet, daß die alte Welt, in der Krieg, Gewalt und Unterdrückung herrschen, abgelöst wird von einer neuen Welt, in der die Menschen allein nach den Maßstäben Gottes leben.

Verbunden damit ist die Erwartung eines göttlichen Retters, eines Heilsbringers – des *Messias.*

Nach der Vorstellung der Juden würde der Messias ihr Volk zusammenführen, es von der verhaßten Fremdherrschaft befreien und die ewige Gottesherrschaft errichten. In das Reich Gottes fänden aber nur die Frommen und Gesetzestreuen Aufnahme. Alle anderen kämen in die ewige Verdammnis.

Zur Zeit Jesu war es eine brennend diskutierte Frage, wann und wie das Reich Gottes beginnen und woran

Messias bedeutet „der Gesalbte". Früher wurden Könige und Priester mit heiligem Öl gesalbt, als Zeichen, daß sie von Gott berufen waren. Etwa seit dem 1. Jahrh. v. Chr. gebrauchte man diesen Titel nur noch für den erwarteten Abgesandten Gottes. Christus ist die griechische Übersetzung von Messias.

Jesus setzt sich über Verbote hinweg. Hier spricht er mit einer Fremden, einer Samaritanerin. (Nach einer Freske aus einer Katakombe Rom)

Leprakranke (Aussätzige) [galt]en als „unrein" [un]d waren aus der Gesellschaft [a]usgestoßen. Sie [mu]ßten schon von [w]eitem Zeichen [ge]ben, damit kein frommer Jude ihnen aus [Ver]sehen zu nahe kam. Von Jesus wird überliefert, daß er Leprakranke heilte.

man es erkennen würde. Man hielt Ausschau nach Zeichen und wartete auf außergewöhnliche Ereignisse. Die Frommen versuchten, sich durch ein möglichst gottgefälliges Leben einen Platz im Gottesreich zu sichern.

Die Predigt Jesu von der neuen Welt Gottes gab den Menschen am Rand der Gesellschaft Hoffnung. Jesus verkündete, daß Gott nicht nur die Frommen liebt, sondern daß seine Liebe allen gilt, auch den Verachteten und Verstoßenen.

Im Mittelpunkt der Predigten Jesu steht nicht das Gesetz, sondern die unbegreifliche Güte Gottes, der jeden aufnimmt, wenn er bereut und Buße tut. Jesu Stichworte heißen Liebe, Barmherzigkeit, Vergebung.

Viele strenggläubige Juden fühlten sich von den Reden Jesu und von seinen Verstößen gegen die religiösen Vorschriften provoziert.

Woher kennen wir Jesus?

Jesus selbst hat nicht ein einziges Wort über sein Leben oder seine Botschaft niedergeschrieben. Alles, was wir über ihn wissen, verdanken wir den Schriften der vier *Evangelisten* – Matthäus, Markus, Lukas und Johannes.

Die Evangelisten haben Jesus nicht persönlich gekannt. Sie haben gesammelt und aufgeschrieben, was in den christlichen Gemeinden, die sich nach dem Tod Jesu bildeten, über ihn erzählt wurde.

Das älteste Evangelium ist das Evangelium des *Markus,* das etwa um 70 nach Christus entstand, das jüngste ist das des *Johannes* (etwa 95 nach Christus).

Bei den Evangelien handelt es sich nicht um eine genaue Wiedergabe von historisch nachweisbaren Tatsachen in unserem heutigen Sinn, sondern vielmehr um Glaubensaussagen: Den Evangelisten ging es darum, ihren Lesern zu zeigen, daß Jesus der seit Jahrhunderten von den Juden erwartete Messias ist.

Die Evangelien sind in griechischer Sprache geschrieben, aber durchsetzt von Begriffen und Redewendungen in Aramäisch, der Sprache, in der Jesus gesprochen hat.

Abb. links: Das Lamm ist ein Symbol für den Opfertod Jesu. (Aus einem Evangelienbuch des 9. Jahrh.)

Bei den Römern wurden nur Verbrecher, Sklaven und Ausländer gekreuzigt.

„So wie dieser Mensch hat noch keiner gesprochen."
Johannes, Kap. 7, Vers 46

Die Verkündigung Jesu

Die Rede vom Anbruch des Gottesreiches bildet das Zentrum der Verkündigung Jesu. Für Jesus ist das Reich Gottes keine rein zukünftige Größe, sondern es reicht bereits in die Gegenwart hinein. Mit Jesu Kommen, mit seiner Verkündigung und seinen Taten ist es bereits angebrochen. Obwohl seine Vollendung noch aussteht, kann man seine Anfänge schon hier und heute erleben – überall dort, wo die grenzenlose Liebe Gottes erfahren wird, sei es im Gebet und Gottesdienst, sei es in der Begegnung mit Menschen, die diese Liebe Gottes ihren Mitmenschen gegenüber verwirklichen.

Typisch für Jesu Verkündigung vom Reich Gottes ist sein Sprechen in Gleichnissen. In den Gleichnissen wird deutlich, daß das Gottesreich nichts ist, das sich mit festen Begriffen beschreiben läßt (Das Gottesreich ist *so und so...*). Vielmehr kann man davon nur in Vergleichen sprechen (Mit dem Gottesreich geht es *wie...*). Jedes der Gleichnisse hat einen konkreten historischen Ort im Leben Jesu. Meistens handelt es sich um Situationen, in denen Jesus seine Botschaft vor Pharisäern und Schriftgelehrten rechtfertigt und verteidigt.

Jesus nimmt den Stoff für seine Gleichnisse aus der seinen Hörern vertrauten Umwelt, gibt ihnen aber oft eine unerwartete Wendung, die die Hörer herausfordert und dazu zwingt, Stellung zu nehmen.

Wer sich mit den Gleichnissen Jesu beschäftigt, steht auf besonders festem historischen Grund, denn sie sind uns besonders zuverlässig überliefert.

Das unten dargestellte Gleichnis von den bösen Weingärtnern (das Bild stammt aus dem Evangelienbuch von Echternach, 10. Jahrh.) steht bei Markus, Kap.12, Vers 1 bis 12). Der Weinberg ist seit dem Propheten Jesaja ein Bild für das Volk Israel bzw. für das jüdische Volk. Wenn Jesus in diesem Gleichnis die Weingärtner verurteilt, dann verstehen seine Hörer sehr gut, daß er damit die Führer des Volkes meint.

Mitte: Jesusdarstellung (links) in einem Kirchenfenster (13. Jahrh.)

Im nebenstehenden Gleichnis von der königlichen Hochzeit (Matthäus, Kap. Vers 1–14) vergleicht Jesus den Anbruch des Gottesreiches mit dem Festmahl, das ein König zur Hochzeit seines Sohnes gibt. Alle sind eingeladen. Wer die Einladung ausschlägt oder zu spät kommt, schließt sich selbst aus. (Evangelienbuch von Echternach 10. Jahrh.)

Oben Mitte: Apostel Petrus (rechts) und Paulus, die Begründer der christlichen Kirche. (Nach einem Relief aus dem 4. Jahrh.)

„Ihr werdet meine Zeugen sein, in Jerusalem und ganz Judäa, in Samarien und bis ans äußerste Ende der Erde."

Apostelgeschichte, Kap. 1, Vers 8

Die Geburt einer Religion

Die ältesten Darstellungen zeigen Jesus als „guten Hirten". Erst im 4. Jahrhundert ändert sich das Bild von Jesus (oben).

Öllampe mit dem Christuszeichen (den ineinander verschlungenen ersten zwei Buchstaben von „Christus" in griechischer Schrift).

Jesus hatte nicht die Absicht, eine neue Religion zu begründen. Auch seine Anhänger, die nach seinem Tod in Jerusalem blieben, gingen weiterhin zum Tempel und fühlten sich dem jüdischen Glauben zugehörig. Sie bildeten untereinander eine Gemeinschaft, die sogenannte Urgemeinde, und versuchten so zu leben, wie Jesus es ihnen gepredigt hatte: Sie verkauften ihren Besitz und teilten alles, was sie hatten, miteinander. Als Anhänger von Jesus Christus (Christus ist das griechische Wort für Messias) wurden sie Christen genannt.

Die rasch sich vergrößernde Gemeinde war den Hohepriestern und Schriftgelehrten (s. S. 35) bald ein Dorn im Auge. Sie bestritten entschieden, daß Jesus von Nazaret der erwartete Messias sei, und verboten den Christen, dies weiterhin zu verkünden. Als diese sich nicht an das Verbot hielten, setzte eine Verfolgung ein, die weit über die Grenzen Palästinas bis nach Rom reichte.

Dennoch bildeten sich immer mehr christliche Gemeinden. Nachdem ihnen anfangs nur Juden angehört hatten, schlossen sich ihnen bald Menschen aus allen Ländern an. Die Öffnung der Gemeinden für Nicht-Juden ist vor allem dem Apostel Paulus zu verdanken.

313 gewährte Kaiser Konstantin den Christen Religionsfreiheit, 383 wurde das Christentum unter Kaiser Theodosius Staatsreligion. Von da an breitete es sich über ganz Europa und alle Erdteile aus.

Mitte: Christusdarstellung auf einer ägyptischen Ikone (6. Jahrh.).

Die Verbreitung des Christentums heute

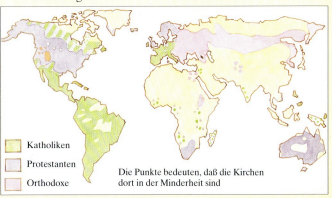

- Katholiken
- Protestanten
- Orthodoxe

Die Punkte bedeuten, daß die Kirchen dort in der Minderheit sind

In der Reihe
Geschichten vom Himmel und der Erde
sind bisher erschienen:

Gott sprach, und Sara lachte
Eine Erzählung aus der Bibel
ISBN 3-7806-2351-X

Der Mann, der Gott begegnen wollte
Eine Erzählung aus dem Islam
ISBN 3-7806-2352-8

Die geheimnisvollen Zeichen des Kaïdara
Eine Erzählung aus Afrika
ISBN 3-7806-2353-6

Die Göttin, die sich in einen Fluß verwandelt
Eine Erzählung aus dem Hinduismus
ISBN 3-7806-2354-4

Jesus erzählt
Eine Erzählung aus dem Neuen Testament
ISBN 3-7806-2312-9

Der Prinz, der zum Bettler wurde
Eine Erzählung aus dem Buddhismus
ISBN 3-7806-2313-7

Die Reihe wird fortgesetzt.

Kaufmann/Klett